The Jacarandas Whisper

The Jacarandas Whisper
Dicen las jacarandas

Alberto Ruy-Sánchez

Translated from the Spanish by
Rhonda Dahl Buchanan

White Pine Press / Buffalo, New York

White Pine Press
P.O. Box 236
Buffalo, NY 14201
www.whitepine.org

This book was originally published in Spanish by Ediciones Era, Mexico City, Mexico, 2019.

Publication of this book was supported by public funds from the New York State Council on the Arts, with the support of Governor Kathy Hochul and the New York State Legislature, a State Agency.

Cover Image: *Under the Jacaranda* by Richard Godfrey Rivers, 1903. The Queensland Art Gallery Collection, Queensland, Australia.

Printed and bound in the United States of America.

ISBN 978-1-945680-84-7

Library of Congress Control Number: 2024952453

Para Sasha Sokol
y Alejandro Soberón,
cómplices de mil y una
floraciones de la amistad
en todas las estaciones.

For Sasha Sokol
and Alejandro Soberón,
accomplices in a friendship
blossoming a thousand and one times
in every season.

CONTENTS

II. CALLE AFUERA
OUTWARD

III. CALLE ADENTRO
INWARD

IV. HABLANTINAS
CHATTERBOXES

V. COLLAGE DE HOJAS SUELTAS
COLLAGE OF LOOSE LEAVES

Translator's Preface

In his volume of poetry, *Dicen las jacarandas* (México: Ediciones Era, 2019), the Mexican writer Alberto Ruy-Sánchez pays homage to the amazing jacaranda trees that transform Mexico City into a purple spectacle heralding the arrival of spring. Mexico City's annual flower contemplation ritual, known in Japan as the "Hanami," has its origins in 1930, when President Ortiz Rubio wanted the streets of the capital to be lined with cherry trees, like those in Washington, D.C. Tatsugoro Matsumoto, a Japanese gardener and landscape architect who had emigrated to Mexico City, and his son Sanshiro, were commissioned to oversee the botanical campaign, and recommended jacarandas because Mexican winters were too mild for cherry trees to blossom. Nearly a century later, Alberto Ruy-Sánchez reflects upon the paradoxical nature of the jacaranda trees: their immortal and transient character, the myths of their origins and name, their multicultural history of migration, and the lessons they offer about the human condition. His lyrical poems invite the reader to contemplate the jacaranda tree as a living being and to listen to what she has to say. It was a challenge to capture in English the melodic and rhythmic essence of the original poems, and to translate the internal word play and alliteration in the verses. Fortunately, I was able to consult with the author who encouraged me to regard each poem as a song, "as if the trees were singing to the wind." I am very grateful to Alberto Ruy-Sánchez for the hours we spent together reviewing the final draft of the translation at his home in the Colonia Roma. Although jacaranda season is ephemeral, the purple flowers blossom anew in the verses of this book, allowing the contemplation ritual to extend indefinitely.

—Rhonda Dahl Buchanan

Prólogo

Hace mil años, para suplir en la veneración del pueblo la flor del ciruelo amada por los chinos, el emperador de Japón mandó plantar árboles de cerezo en todo el país, encomendó a los poetas que escribieran poemas sobre sus flores e impulsó la contemplación ritual que aún congrega cada año a multitudes y atrae a gente de todo el mundo. Los cerezos se multiplicaron en las antologías de poemas, las novelas y todas las artes, y aun en la meditación religiosa y la reflexión filosófica. En la Ciudad de México se transmutaron en jacarandas: fue por obra de un jardinero japonés como estos árboles llenaron, hace menos de un siglo, calles, parques y plazas. Su florecimiento anual provoca el entusiasmo de muchos, pero en Alberto Ruy Sánchez el asombro se ha convertido en un rito; es decir, en un disciplinado fervor. Si su libro anterior de poemas se demoraba en la contemplación de la amada, éste atiende a la aparición de las flores en el árbol y al florecimiento de los sentidos en la meditación. Nubes cambiantes en el cielo del ojo, las jacarandas son trazos de una caligrafía susurrante en la página del deseo. El poeta las escucha hablar a solas y en coro, las mira bailar, persigue en su aroma sus metamorfosis, oye en su música la memoria de sus migraciones e interpreta con perspicacia sus mensajes. Es un libro íntimo pero en el que alienta una utopía collective: el anhelo, vuelto ya proyecto, de una ciudad digna de sus jacarandas. Será un libro fecundo.

—Aurelio Asiain

Prologue

A thousand years ago, the emperor of Japan ordered cherry trees be planted throughout the country so that his people would adopt the same veneration for the cherry blossoms as the Chinese felt for their beloved plum blossoms. Then he called on poets to write verses about the cherry blossoms, thus initiating a ritualistic contemplation that continues to convene multitudes each year and attract visitors from all over the world. The cherry trees proliferated in volumes of poetry, novels, and in all the arts, enhancing religious meditation and philosophical reflection as well. In Mexico City, jacarandas took the place of cherry trees. It was through the efforts of a Japanese gardener that in less than a century these trees filled streets, parks, and plazas. Their annual flowering arouses the enthusiasm of many, but for Alberto Ruy-Sánchez, fascination is converted into ritual; that is, into disciplined fervor. If in his previous book of poems, *Luz del colibri (Light of the Hummingbird)*, Ruy-Sánchez lingered in contemplation of the beloved, in this volume he muses over the apparition of the jacaranda blossoms and the flowering of the senses through contemplation. Shifting clouds in heaven's eye, the jacarandas are whispering strokes of calligraphy on the page of desire. In this book, the poet listens to them speak, alone or in unison, watches them dance, pursues their fragrant metamorphoses, hears in their music the memory of migrations, and interprets their messages with lucidity. This is an intimate book that inspires a collective utopia: a yearning transformed into the engagement of a city worthy of its jacarandas. It will be a fertile book.

—Aurelio Asiain

DICEN LAS JACARANDAS
THE JACARANDAS WHISPER

The ant's a centaur in his dragon world. [. . .]
Pull down thy vanity, I say pull down.
Learn of the green world what can be thy place.

—Ezra Pound
Canto LXXXI

Poetry is,
in the everyday world,
the exceptional in the ordinary:
the appearance of the centaur.

—Pier Paolo Pasolini

I.
APARICIONES
APPARITIONS

Estas palabras

Cada ramo en la rama amoratada
es el ritmo alterado de su savia.
Delirio de sus venas que florece,
hervor de tierra dócil, embriagada.
No parecen pétalos, son palabras,
racimos de sílabas que palpitan.
Cuentan mil historias que el aire entiende:
amores y desamores, lamentos.
Cantan los goces que se multiplican,
los placeres fugaces y secretos.
Son animales, sabores, anhelos,
humo, premoniciones, amenazas.
Su raíz aérea se hunde en mis sueños,
y el viento que las despeina es mi aliento.
No sólo flores, también son palabras
de la lengua sutil que nos inventa.

These Words

Each bunch on the branch bruised purple
rises from the frenzied rhythm of her sap.
Wild dreams blossoming from her veins,
from the intoxicating zeal of docile soil.
Her pretentious petals are words,
panicles of pulsating syllables.
They tell a thousand stories to the wind,
of loves, losses, and sorrows.
Songs of mounting pleasures,
of secret and fleeting delights.
They are savory creatures, yearnings,
smoke, premonitions, and omens.
Her aerial roots settle in my dreams,
entangled by the wind that is my breath.
Not mere flowers, they are also words
of the subtle language that conceives us.

Quimeras citadinas

Y se apoderan del aire
seres alados, quimeras.
Invenciones delicadas
de salvaje fantasía.

Hay quienes las ven palomas
devoradoras de búhos,
quienes descubren dragones
amoratados de susto.

Yo las veo como centauros,
improbables y posibles,
casi humanas, casi equinas,
casi flores, casi frutos.

Me impresionan porque existen
y dan luz a mi existencia.
Porque encienden mis ciudades
de un fuego azul demorado.

Urbanite Chimeras

Winged creatures, chimeras
dominating the air.
Fragile creations
of wild fantasy.

Some see them as doves
devouring owls,
others perceive dragons
turned purple with fear.

I view them as centaurs,
improbable and possible,
nearly human, nearly equine,
not quite flowers, not quite fruit.

Their very existence enchants me
and illuminates my being
as they set fire to my cities
with their smoldering blue flames.

La llama amanece

Tras jacarandas ardientes
el sol se esconde travieso
para robarles su incendio.

Así despierta mi calle,
con jacarandas al fondo,
el horizonte amarillo
y el tráfico detenido.
Su semáforo es el cielo
repleto de jacarandas.

Con su fuego tan florido
y a punto de desprenderse
es mil llamas en el viento
y mil llamas en el piso.
Mil llamas en los ojos
y mil más en la memoria.
Su incendio cumple un destino:
dura poco y dura siempre.

Flame at First Light

Behind the burning jacarandas
the stealthy sun hides
to steal their fire.

This is how my street awakens,
with jacarandas under
a golden horizon.
A stoplight in the sky
teeming with jacarandas
that bring traffic to a halt.

Their blazing blossoms
about to scatter
are a thousand flames in the wind
and a thousand embers on the ground.
A thousand flares for the eyes to behold
and a thousand more to remember.
Their fire fulfills its destiny:
lingering just a bit but lasting forever.

Roba sombras

Este mes y un poco el otro,
creyéndose primavera,
la ciudad olvida cosas
que antes pensaba esenciales.
Ya ni siquiera recuerdo
de qué cosas se trataba,
hasta la huella se esfuma
de las heridas profundas,
de amarguras obsesivas
y demagogias insanas.

Con su excesiva presencia
hasta las carencias borran.
Con su perfume discreto,
su nube seca entre ramas,
su lluvia que moja el alma,
las jacarandas se roban
toda mi melancolía.

Shadow Thief

This month and into the next,
while spring prolongs her leave,
the city forgets things
it once thought essential.
I for one cannot remember
what that was all about.
Even scars vanish
from the deepest wounds,
from bitter grievances,
and insane demagogy.

In her lavish presence
even what is lacking disappears.
With her subtle scent,
her barren cloud between branches,
her rain that showers the soul,
the jacarandas steal away
all my blues.

Súbitas

Cargada de jacarandas,
la avenida en primavera
es inundación de voces,
júbilo de la madera
convertida en floración.

Llega súbita y a tiempo
de recordar insistente:
puede surgir donde sea
el antídoto mayor,
la irracional y excesiva,
la natural resistencia,
la inmediata rebelión
de su poesía.

Sudden Arrival

Laden with jacarandas,
the avenue in springtime
is a deluge of voices,
jubilation of wood
transformed into blossoms.

She flowers suddenly and on time,
like a persistent reminder.
Her blossoms may appear anywhere
as a vital antidote,
the irrational and excessive,
naturally resistant,
instantaneous rebellion
of her poetry.

Dobles, triples, inconstantes

Como los centauros de la leyenda,
de doble naturaleza inestable,
ímpetu equino y lento torso humano,
las jacarandas son seres volubles.

Son mitad viento con mitad insecto,
más esa otra mitad indescriptible,
que viene tal vez de ninguna parte
y que con certeza llevan adentro.

¿Cuántas mitades caben en una flor?
Tres o cuatro o cinco muy rebasadas
más las que, bajo el sol, se inflaman lentas.
¿El peso de lo imposible las tumba?

La luna llena las malaconseja.
De noche se sienten ligeras: vuelan.
Mientras van cayendo cuentan estrellas.
Saben leer en los cielos su destino.

Doubles, Triples, Voluble

Like the legendary centaurs,
of elusive dual nature,
equine vigor and rigid human torso,
the jacarandas are voluble creatures.

They are half-wind, half-insect,
and another indescribable half
that seems to emerge from nowhere
but abides in them most assuredly.

How many halves can a flower have?
Three or four or five or more,
and others kindling slowly under the sun.
Is it the weight of the impossible that topples them?

The full moon misleads them.
At night they feel light as a feather and take flight.
Free falling, they count the stars
while reading their destiny in the sky.

Inmortales y fugaces

Apariciones
multiplicadas,
fantasmas
hambrientos.

Se precipitan
al piso
y al mismo tiempo
renacen
en la rama.
Como si vivieran
más allá de la vida.

Fantasmas amoratados:
su obstinación
entusiasma, posee,
es más que gozo:
fascinante brujería.

Immortal and Fleeting

Proliferating
apparitions,
ravenous
phantoms.

They swirl
to the ground
and swiftly reappear
on the branch,
a startling rebirth
in the afterlife.

Ghosts bruised blue,
their tenacity
excites and possesses.
More than joy:
fascinating sorcery.

Gritos

Si es cierto que se hablan
los árboles bajo tierra,
y en el aire ponen voces
de formas inusitadas;
si es verdad que
nunca están solos,
que tejen comunidades
y familias y se protegen.
Si todo eso sucede
incluso en grandes ciudades,
este mes, aquí, las jacarandas
han gritado todas
al mismo tiempo.
Agitan en coro sus ramas,
dejan volar sus historias.

Clamor

Is it true that trees
converse beneath the earth
and utter strange sounds
in the air?
Is it true that
they are never alone,
that they weave a protective web
of communities and families?
If all this occurs
even in large cities,
here, in this month, the jacarandas
are clamoring all at the same time.
They shake their branches in unison
and cast their stories to the wind.

Mitología amazónica

Entre las llamas fugaces
de su alerta escandalosa
me salpican los destellos
de su origen hecho mito.

Jacarandá allá le dicen.
y ella ligera resuena.
En guaraní, que es su lengua,
quiere decir perfumada.

Jacarandá huele a selva
y a corteza curativa,
a madera sonrojada
y fértil desenvoltura.

Sus semillas en estuche
nunca se vuelven sonajas.
Oyen los ritmos del viento
y después les brotan alas.

Si en su historia puso aliento,
en su floración, exceso:
ella extiende el Amazonas
a la puerta de mi casa.

Amazonian Mythology

Amid fleeting flames
sounding a raucous alarm,
I catch glimmers
of her mythical origin.

There she is called Jacarandá,
a resounding whisper of a name.
In Guaraní, her native tongue,
it means the fragrant one.

Jacarandá bears the scent of the jungle,
of healing bark,
of blushing wood
and fertile grace.

Her pods brimming with seeds
never become rattles.
Her seeds hear the beating wind
and then sprout wings.

She breathed life into her story
and excess into her blossoms,
extending the Amazon
all the way to my doorstep.

Mitología japonesa

Un jardinero de oriente,
de la isla de los asombros,
se propuso en las aceras
de esta ciudad de palacios
crear un jardín callejero:
una invasión de mil flores
que se caen y resucitan.

Lo que vive en sus jardines
es otra noción del cielo.
Sí, el paraiso se siembra
y el edén se manicura.

Trajo del sur la semilla
y la aclimató a su sueño:
árboles que escupen flores
que en el aire se adelgazan.

Se inventó una especie rara
de árbol alto y muy sediento
que si se arraiga obsesivo
abraza al viento gozoso
y a los ojos nos regala
cada marzo un terremoto
de flores que en filigrana
se meten entre nosotros,
sacuden certezas vanas
con su belleza ligera:
dan al sorprendido instante
el logro de ser eterno.

Japanese Mythology

A gardener from the East,
from the island of wonders,
set out to create
an urban garden
along the sidewalks
of this city of palaces:
a foray of a thousand flowers
falling and rising again.

What thrives in his gardens
is another vision of heaven.
Indeed, paradise is sown
and Eden manicured.

He brought the seed from the south,
conforming it to his dream:
trees hurling flowers,
a diaphanous whirl in the air.

A rare species was conceived,
a tall tree with a mighty thirst.
If her zealous roots take hold,
she blissfully embraces the wind
and treats the eye
every March to a seismic tremor
of filigreed flowers.
They mingle among us
uprooting vain certainties
with their feathered beauty
and granting the awestruck moment
a gift of eternal life.

Migraciones

No fue el viento
ni un pájaro, ni el agua.
Fue un viajero del jardín secreto.
El emigrado, semilla en mano.

En el lenguaje de las flores
cada clima es varias lenguas.
Con una mano fría
y otra caliente lanzó su búsqueda.
Quería traducir su deseo:
poner el esplendor fugaz
de sus cerezos en esta tierra templada.
La palabra que escuchó
su cuerpo inquieto fue *jacarandá*.
La encontró en horizontes de fuego
al lado de la llamarada.
La trajo y la vio convertirse
en otra y en la misma.
Con las primeras floraciones moradas
hizo fiesta. Fue año nuevo.

Los árboles viajan
pero son seres lentos.
Van y vienen por el planeta
de maneras imperceptibles
al ojo impaciente del humano.
Las jacarandas son migrantes
que nos llegan con su música,
su sol guardado,
su luna llena
que siempre
recomienza.

Migrations

It was not the wind,
nor a bird, nor the water.
It was a wayfarer of the secret garden.
The emigrant bearing seeds.

In the language of flowers
each climate speaks various tongues.
With one cold hand
and the other warm, he began his quest.
He wished to transplant his desire
and sow the ephemeral splendor
of his cherry trees in this temperate land.
The word his restless body heard
was *jacarandá*.
He found her on the frontier of fire
near the burning flames.
He brought her here and watched her become
another while remaining the same.
With the first purple flowerings
she threw a party. It was like a new year.

Trees travel
but are slow voyagers.
They wander the planet
in ways imperceptible
to the impatient human eye.
The jacarandas are migrants
who come to us with their music,
their sheltered sun,
their full moon
born anew
time and time again.

Más allá

Mi amiga, que me comprende,
sonríe al verme alterado
y me provoca cantando:
"Tus jacarandas son cosas
que tú no entiendes del todo:
tienen de vulva el aliento,
el llamado y el misterio.
Son femeninas crecientes,
clitorideas conocidas.
Brotan así, es su clímax:
en la rama se extasían
y llueven sobre las banquetas.
En sus goces, brillan, mojan.
Húmedas son cosquilleo.
Y sus pétalos palpitan
cuando más crecen adentro.
Espasmos de trascendencia,
cotidianeidad pasmosa.
Se desgajan una a una,
sueltas al aire, ligeras.
Como ellas, floto en el cielo
y al mismo tiempo en el suelo.
Nos retorcemos de gozo."

Eso me enseña mi amiga
y agradezco sonrojado.
Para mí, esta flor torcida,
ya nunca será lo mismo.

Beyond

My friend, who understands me,
smiles when she sees me so excited
and taunts me with a song:
"Your jacarandas are beings
you don't fully comprehend:
they have a mysterious appeal that
beckons and sighs like a vulva.
They are fluttering females,
clitoral savants.
They sprout and climax like this:
they shiver and swoon on the branch,
showering the sidewalks with blossoms.
As they take pleasure, they shimmer and glisten
with a tingling drizzle.
Their petals pulse and throb
the more they grow inside.
Sublime spasms,
an astonishing daily wonder.
They detach one by one,
swirling lightly in the air.
Like them, I glide through the sky
and drift along the ground,
kindred spirits wriggling with delight."

That is what my friend teaches me
and I blush with gratitude.
For me, this convoluted flower,
will never be the same.

II

CALLE AFUERA
OUTWARD

La música del árbol

Escucha el cielo en la noche
que los astros son sonoros
y al palpitar las estrellas
nos prenden los corazones.
La obscuridad picoteada
tiene aire de partitura,
cuando la lees interpretas
composiciones que somos.

Las calles también esconden
en la noche del subsuelo
los silencios palpitantes,
los sonidos engañosos.
Sus sonámbulas raíces
murmuran sin detenerse
en la tierra, tan obscura.

La jacaranda, instrumento
de percusión floreciente,
de viento cuando respira,
de cuerdas verdes foliadas.
Y si la flor es su nota,
la rama es su resonancia.

The Music of the Tree

Listen at night to the sky
whose sonorous stars
capture our hearts
as they scintillate.
The speckled darkness
is like a musical score.
Reading it, we interpret
compositions of who we are.

Likewise, the streets harbor
in the nocturnal underground
pulsating silences,
beguiling sounds.
Her somnambulant roots
murmur endlessly
in the pitch-black earth.

The jacaranda is an instrument
of percussion in bloom,
a woodwind that sighs,
a stringed instrument of verdant leaves.
Each blossom is a note
resonating on the branch.

La jacaranda en mi mano

Mi mano es como la calle
cuando caen las jacarandas,
se llena de algo sonriente
que se huele a la distancia,
se cubre de piquetitos
que llevan su propia sombra,
se pinta de un tono claro
que se acumula y madura.
Adquiere una piel segunda,
se va convirtiendo en otra.

La jacaranda caída,
todavía fresca y ligera,
entre mis dedos palpita
y en ella me agito yo.
Las líneas de mi mano
caminan palma arriba
sobre las líneas trazadas
en la copa de una flor.

Hay un destino probable,
un anuncio de fortuna
buena, mala o muy incierta,
la contemplación segura
de la belleza en su instante
de azarosa plenitud.

Jacaranda in My Hand

My hand is like the street
when the jacarandas fall:
my palms teem with a sunny scent
that carries for miles.
Covered in flecks
that cast their own shadow,
they turn a light hue
that deepens and matures.
My hand acquires a second skin,
becoming something new.

The jacaranda blossom,
still fresh and slight,
flutters between my fingers,
and I too quiver inside her.
The lines of my hand
traverse the palm,
tracing the lines etched
on the flower's tiny bell.

A foreseeable destiny awaits,
a sign of fortune
good, bad, or very uncertain,
the unfaltering contemplation
of beauty at her peak
of random plenitude.

Tiempo de espejos

Como una orden del cielo
algo que cae estruendoso,
que brilla, aunque no truena,
que grita, aunque en silencio.
Se siente como en un sueño
aunque estemos bien despiertos.
Nos hace abrir más los ojos
aunque nos los deja quietos,
como si fueran cerrados
por el golpe del asombro.

El tiempo de los espejos
llega y así se establece:
el piso en flor, como el cielo,
y el ánimo que se eleva
al caer las jacarandas.
El espejo no refleja,
es idéntico y opaco:
florece el cielo en el suelo
y algo en nosotros emerge:
una otredad escondida,
un secreto, un anhelo,
la extrañeza de querernos
a la distancia o muy cerca,
de sentir que en un espejo
de flores multiplicadas
nos encontramos sin falta,
nos damos cita y florece
una vez más el deseo.

Hour of the Mirrors

Like a behest from heaven,
falls a thundering cascade
that flashes without a rumble,
shouts without a sound.
It seems we are dreaming
while wide awake.
Compelled, we open our eyes even more,
gazing without batting a lash,
as if stunned
by a bolt of wonder.

The hour of the mirrors
arrives and settles in.
Flowers cover the ground and sky,
and the spirit soars
as the jacarandas fall.
Not a reflection in a mirror,
but an image identical and opaque.
The sky blossoms on the ground
and something rises inside us:
a hidden otherness,
a secret, a yearning,
a strange sensation of loving each other
from a distance or very close,
a feeling that in a mirror
of countless flowers
we find each other without fail,
at the appointed hour,
and desire flourishes once again.

Delirios volubles

1.
Son delirios que crecen en espejos,
las jacarandas en los edificios,
rotos rompecabezas divertidos,
un caleidoscopio que gira al viento.

Su rareza geométrica cautiva.

2.
Una flota invencible de siete proas
zarpa a todos los rumbos y a ninguno.
No termina de ir cuando ya regresa
y a todas sus batallas ha faltado.

Contra viento y contra marea, seduce.

3.
A la vuelta de la esquina nos aguarda
un gigante que aquí apenas asoma:
la copa amoratada es su cabello,
su cuerpo una galaxia reflejante.

Si la miras mirarte, es posesiva.

4.
Sus brazos entretejen con las nubes
escenarios fugaces, perspectivas.
Vuelan flores al suelo de tus ojos,
de lo visible a lo invisible eleva.

Su desplome es un acto de hipnotismo.

Spiraling Delusions

1.
They are delusions reproducing in mirrors,
jacarandas on buildings,
amusing pieces of a puzzle,
a kaleidoscope spiraling in the wind.

Her eccentric geometry captivates.

2.
An invincible fleet of seven prows
sets sail in all directions and none,
returning before making headway,
a missing presence at all its battles.

Come hell or high water, she seduces.

3.
Around the corner awaits
a giant barely visible to us from here:
the purple crown is her hair,
her body a gleaming galaxy.

If you see her looking at you, she is possessive.

4.
Her limbs weave clouds with
fleeting scenes and visions.
Flowers fly to the depths of your eyes.
From the visible rises the invisible.

Her plummeting flowers hypnotize.

Serpientes sacrificadas

Como animales muy viejos,
sus troncos torcidos,
sus cicatrices.
Y de pronto, cambian de piel
y ostentan mil escamas moradas.
Por unos días
son misteriosas mutantes,
irreales, poseídas.

Si desde abajo las miras
sus ramas más elevadas
parecen brotar del cielo
como venas muy finas.
Se van ensanchando
hasta hundirse en la tierra
como serpientes
en su guarida.

Arterias celestiales,
sudando esta sustancia lila
que aquí y allá,
gota a gota
se les escapa.
Sangrado ritual
de la diosa de esta estación
que es cada jacaranda.

Sacrificial Serpents

Like very old creatures,
their trunks are twisted
and scarred.
Suddenly, they shed their skin
and flaunt a thousand purple scales.
For a few days
they are mysterious mutants,
surreal, possessed.

Looking at them from below,
their highest branches
seem to emerge from the sky
like delicate veins,
swelling
until burrowing into the earth
like serpents
in their den.

Celestial arteries,
exuding a lilac substance
that here and there,
drop by drop,
oozes from them.
Bloody ritual
of the goddess of this season:
the divine jacaranda.

Arroyo de viento

Las hojas, como mil patas,
mil dedos, mil reticencias,
enfrentan los vendavales
y otros aires agresivos.

El árbol detiene el viento,
detiene evaporaciones,
crea climas en su entorno,
defiende su sed, su aliento
y nos regala ese cambio
sin gritarlo, ni imponerlo.

No nos pide adoraciones,
tampoco ciega obediencia,
su existir es silencioso,
su tenacidad alegre.

A su sombra crece el aire
detenido entre las ramas
y se convierte en arroyo
de lentitud y suspiros.

Las jacarandas transforman
sombras, sueños y destinos
con el viento entre las hojas.

Wind Stream

Her leaves, like a thousand legs,
a thousand fingers,
endure windstorms and hostile air
a thousand times over.

The tree halts the wind,
hinders evaporation,
creates her own climates,
defends her thirst, her breath,
and offers us the gift of transformation
without bluster or imposition.

She does not demand from us
adoration or blind obedience.
She leads a quiet existence,
with joyful tenacity.

Under her shady canopy, the air
captured between her branches
unfurls and becomes
a leisurely stream of sighs.

The jacarandas transform
shadows, dreams, and destinies
with the wind rustling their leaves.

Un gato loco por ellas

Fuego es un gato travieso
que en el jardín
del Hospital Español
hace amigos
y caza sombras.

En primavera enloquece:
pierde el apetito y la calma,
toma nuevo aire de ausente,
de concentrado en la nada.
Inquieto, maúlla a los árboles,
como pidiéndoles terminante
alguna reacción.

Sin más, florecen.
Fuego, el gato del Hospital,
alterado por las jacarandas nuevas,
vuelve a la vida con ellas.
Lo embriagan, mueven y alegran.
Dan sentido a su existencia
de felino enamorado.

Como el gato, las huelo,
las miro y las admiro,
escucho, toco y saboreo.
Me cantan y bailan
cayendo al viento.
Me rodean y de sus bocas,
los silencios de mi nombre
se pronuncian en secreto.

Feline Madness

Fuego is a playful cat
who makes friends
and chases shadows
in the garden
of the Hospital Español.

When spring arrives, he goes crazy,
loses his appetite and his peace of mind.
He seems withdrawn,
absently focused on nothing.
Restless, he meows at the trees,
as if demanding
some reaction.

And just like that they bloom.
Fuego, the cat at the Hospital,
excited by the jacaranda flowers,
comes back to life.
They intoxicate, rouse, and elate him.
They give meaning to the existence
of this feline in love.

Like the cat, I sniff them,
gaze at them in admiration,
listen, touch, and savor them.
They sing and dance for me
as they sway in the breeze.
They surround me and whisper
the silences of my name
in hushed secrecy.

Las sílabas del fuego

Me haces ver cómo
"la noche lame sus heridas".
Llueve dentro, llueve fuera.
Como en un sueño
recuerdo muros
de tabique mojado,
un camino descendente
hacia un bosque
de jacarandas.

Una penumbra conquistada,
el olor del heno
y las palabras,
no secas, fluidas,
palabras de fuego
en papeletas encendidas.
Como otro bosque de jacarandas
en nuestras manos.

He perdido esas sílabas.
Sus consonantes callan.
Del papel, guardo un sonido:
su ausencia,
precipicio de silencios
que arde. Y me alegra.
El fuego permanece
sin decirse, diciéndonos
en silencio, ausentes
las llamas como jacarandas:
luces fugitivas.

The Syllables of Fire

You make me see how
"the night licks its wounds."
It rains inside, it rains outside.
As if in a dream
I remember walls
of damp brick,
a path leading
to a grove
of jacarandas.

Closing in on twilight,
the air scented with hay,
and the words,
flowing, not withered,
words of fire
on burning bits of paper,
like another grove of jacarandas
in our hands.

I have lost those syllables.
Their consonants remain silent.
One sound still resonates on the paper:
your absence,
precipice of silences
that smolders and delights me.
The fire lingers
without a word, speaking to us
in silence, the languishing
embers like jacaranda flowers:
fugitive lights.

Nuestras sílabas

Si en la noche,
ahora, tan lejos uno del otro,
una estrella se enciende,
ambos la miramos
al mismo tiempo.
Algunas veces en sueños,
otras desde la ventana,
o reflejada en el agua.

Cada quien desde otra vida
gira y vuelve a girar
en la espiral invisible
que nos une
y nos separa.

Las sílabas del fuego
de la noche
tejidas
entre tu cuerpo y el mío
en silencio
nos deletrean.

En el bosque de jacarandas
sus voces son sombras
y nos hundimos en ellas.

Our Syllables

What if now, at night,
with such a distance between us,
a star flickers,
and we both see it
at the same time.
Sometimes in dreams,
or through a window,
or reflected in the water.

What if each of us,
wherever we may be,
spins round and round
in the invisible spiral
that unites us
and keeps us apart.

In the darkness,
the syllables of fire
entwine your body and mine
spelling our names
in silence.

In the grove of jacarandas
their voices are shadows
and we submerse ourselves in them.

Lo verde de la jacaranda

1.
Entre
la lluvia
y el sol,
brillan
las hojas
de la jacaranda
sin flor.

Mueven su plumaje
como aves presumidas.

Hacen algarabía,
sus hojas son dedos al aire,
cienpiés boca arriba,
cuchicheo de luz.

2.
Dialogan
con el aire,
le cuentan
de las flores caídas,
de las semillas
en sus estuches
de castañuela,
de las venas
diminutas
en cada hoja.

Green Leaves of the Jacaranda

1.
Between
raindrops
and sun beams,
the leaves
of the jacaranda
shimmer
unadorned.

Her plumage flutters
like pretentious birds.

Her leaves create a stir.
They are fingers in the air,
centipedes face up,
luminous murmurs.

2.
They converse
with the air,
chatting
about fallen flowers,
about seeds clattering
in their pods
like castañuelas,
about the delicate
veins
on each leaf.

3.
Sonríen
de arriba abajo,
a la sombra
o en la luz.
Sus hojas verdes
son tan delgadas
y tan frágil
su ejército
de enveses
que la sombra las borra
y las incendia el sol.

4.
Cuando todas las flores
han caído
y las semillas
redondas,
anchas y planas
volaron también,
la rama muestra,
agitada, en cada tallo
la cicatriz,
el doble trazo,
la herida,
cosida al sol,
donde estuvo la flor.

3.
They smile
from top to bottom,
in the shade
or light.
Her green leaves
so slender
and their lacy
underside
so fragile
the shade erases them
and the sun sets them ablaze.

4.
When all the blossoms
have fallen,
and the seeds,
round,
wide and flat
have taken flight,
a quivering branch
displays on each stalk
the scar,
the double line,
the wound,
sutured by the sun,
where a flower once grew.

5.
Ellas hablan
sin cesar,
en voz baja,
tras su abanico.

El viento
pronuncia
leve, intenso,
con gestos mudos:
diciéndolo sin decirlo,
el nombre de la jacaranda
cuando no está en flor.

5.
She speaks
without end,
whispering
behind her leafy fan.

The wind
utters
softly, deeply,
with mute gestures
the name of the jacaranda
when she is not in bloom.

Impaciencia

La jacaranda es distinta.
No parece tener prisa,
dicen que algo acumula
para luego sorprendernos.

La jacaranda muy joven,
la que aún no ha florecido,
siembra terrible impaciencia
en quien la mira y la mima.

Ahí está, como ella quiere:
su belleza es un plumaje
que dialoga con el viento.
Pero de las flores, nada.

Impatience

The jacaranda is unique.
She seems in no hurry.
They say she is amassing
what will amaze us later.

The very young jacaranda,
who has yet to blossom,
sows an intense impatience
in those who admire and indulge her.

There she stands, content
to let her beautiful plumage
converse with the wind.
As for flowers, not one.

Del tacto hacer vicio

Las jacarandas se tocan
cuando el viento las conmueve,
como diciéndose cosas,
como calmando impaciencias.
Su conversación es verde,
su elocuencia es de abanico,
su manera es entregarse
y de su entrega hacer vicio.

Se tocan las jacarandas
con lo más verde que tienen.
La esperanza las inunda
de la luz de transformarse.
No son veloces ni lentas,
no son alegres ni tristes,
apasionadas, sin duda,
apasionantes, extremas.

Verdes, pero no de envidia,
de plenitud del instante.

Addicted to Touch

The jacarandas touch each other
when stirred by the wind,
as if shooting the breeze
or easing anxieties.
Their conversation is green,
unfolding with eloquent fervor,
throwing caution to the wind
in carefree abandon.

The jacarandas touch each other
with their every ounce of green.
Bathed in light
they anticipate their transformation.
They are neither swift nor slow,
neither merry nor sad,
fervent, without a doubt,
impassioned, to an extreme.

Green, not with envy,
but with plenitude of the instant.

III.

CALLE ADENTRO
INWARD

Historia íntima como abecedario

A.
Por cada flor de jacaranda en la rama,
una promesa, un deseo
a punto de cumplirse.
Como en un sueño.

B.
Mientras cae
una flor de jacaranda,
alguien hace el amor
y siente que su vuelo
es eterno.

C.
Por cada flor de jacaranda en el suelo,
un acto amoroso
que terminó en sonrisa.

D.
De la rama de la jacaranda al piso
el vuelo de la flor
es nuestro secreto.
Nadie fuera de nosotros
lo entiende.

E
Esperada e intempestiva,
la jacaranda sorprende,
es como despertar juntos
tantos años
y siempre decirse,
de pronto y por sorpresa,
"buenos días".

The ABC's of an Intimate Story

A.
For each flower on the branch,
a promise, a desire
about to come true,
like in a dream.

B.
While the blossom
of a jacaranda falls,
someone makes love
and feels their flight
is eternal.

C.
For each flower on the ground,
an intimate exchange
ending in a smile.

D.
From the branch to the ground
the flight of the jacaranda flower
is our secret.
Only we alone
understand it.

E
Anticipated but unpredictable,
the jacaranda takes us by surprise,
like waking up together
year after year
and greeting each other always
in amazing disbelief with an impromptu
"Good morning."

F
La flor de la jacaranda
crece en racimo,
como ilusión de besarte,
pero cae una por una,
como tus besos.

G
La flor de la jacaranda
es una copa sonriente,
algo torcida,
como un beso
que se vuelve mordida.

H
La flor de la jacaranda
es como una mano
que hace magia
girando.
Su hechizo
al mirarla alegra.

I
Cuando la jacaranda
tiñe el piso y el cielo,
escribe en mi cuerpo
dos palabras extendidas:
plenitud fugitiva.

J
Las jacarandas
alegran
la rama
y su sombra.

F
The jacaranda flowers
bloom in a bunch,
like my desire to kiss you,
but fall one by one,
like your kisses.

G
The jacaranda blossom
is a beaming goblet,
slightly twisted,
like a kiss
that becomes a nibble.

H
The flower of the jacaranda
is like a hand
turning
a magic trick,
mesmerizing us
as we gaze in delight.

I
When the jacaranda
tinges the ground and sky,
she inscribes on my body
two transcendent words:
ephemeral plenitude.

J
The jacaranda blossoms
beguile
the branch
and its shadow.

K.
Su sombra amoratada,
en el suelo,
es una flor
que brilla al sol
y se cierra
al anochecer.

L.
El sol
pone
una dosis
precisa
de sombra
dentro de cada flor.

M.
La jacaranda
fluye callada
de esquina a esquina.

N.
Si la miras
agitada
en el aire,
su esplendor
en ti
no se detiene.

Ñ.
A la vecina sombría
se le escapa la vida
cuando se lamenta:
"La jacaranda ensucia mi banqueta".

K.
Her purple shadow,
on the ground,
is a flower
that glistens in the sun
and turns in
at twilight.

L.
The sun
plants
a precise
dose
of shadow
inside each flower.

M.
The jacaranda
glides silently
from corner to corner.

N.
If you see her
quivering
in the air,
her splendor
lingers in you
indefinitely.

Ñ.
The surly neighbor
misses out
when she grumbles:
"The jacaranda sullies my sidewalk."

O.
Las jacarandas caídas
pronto se vuelven
misterio fértil:
tierra amoratada.

P.
Leyenda urbana:
Una calle sin jacarandas
es como un enamorado
sin besos.

Q.
Lo verde
de la jacaranda
se siente
como otra flor.

R.
La jacaranda
despierta en cada persona
una naturaleza erótica
más o menos escondida.

S.
La jacaranda
despierta en cada animal
algo instintivo, casi humano,
casi espiritual.

T.
La jacaranda despierta
en cada insecto
el ansia de aparearse,
de fertilizar especies.

O.
Fallen flowers
soon become
fertile mystery:
lush earth turned purple.

P.
Urban legend:
A street without jacarandas
is like a lovesick soul
without kisses.

Q.
The green leaves
of the jacaranda
believe they too
are flowers.

R.
The jacaranda
arouses in each admirer
an erotic impulse
more or less concealed.

S.
The jacaranda
awakens in every animal
something instinctual, almost human,
almost spiritual.

T.
The jacaranda
rouses in every insect
an urge to mate,
to propagate the species.

U.
La proliferación
de flores renacidas
inquieta muy hondo,
como si por dentro
nos hicieran cosquillas.

V.
Hay algo barroco en ellas,
son y no son,
cantan y callan,
hacen despertar y soñar,
todo al mismo tiempo.

W.
Una es sonrisa,
su racimo, carcajada.

X.
Están llenas de luz y de viento
pero son instrumentos de cuerda
que entonan las vibraciones del alma.

Y.
Algunos bichos sagaces
perciben, sienten, piensan
que estas flores inquietas
son animales de otro tipo.

Z.
Las jacarandas desaparecen
como llegaron:
se van sin irse,
de pronto ya no están
y seguimos por dentro
acariciando su huella.

U.
The proliferation
of newborn flowers
creates quite a stir,
a tingling sensation
felt deep inside.

V.
There is something baroque about them:
they are present and absent,
sing and fall silent,
make us awaken and dream,
all at the same time.

W.
One flower is a smile,
a cluster, a cackle.

X.
Brimming with light and wind
but sounding like string instruments,
they tune the vibrations of the soul.

Y.
Certain wise insects
perceive, sense, and believe
these unsettling flowers
are animals of a different nature.

Z.
The jacaranda blossoms vanish
as quickly as they appear,
without taking leave.
Suddenly they are gone,
and yet we hold dear
their indelible impression on us.

IV

HABLANTINAS
CHATTERBOXES

Cinco cosas que los árboles enseñan

Uno

“Los árboles me asombran”,
contaba Robert Frost,
intrigado con fascinación
por los ruidos del bosque.
Siempre le dicen que se van,
pero entre más viejos
y más sabios,
los árboles más le enseñan:
“hay que quedarse”.

Y sus pies tienden al suelo.
Los árboles le muestran
los ciclos de la vida,
la permanencia,
el misterio de la muerte,
la fertilidad,
y le ayudan a vivir.

Five Lessons That Trees Teach Us

One

"Trees amaze me,"
said Robert Frost,
enthralled by
the chatter of the forest.
Invariably, the trees tell him they are leaving,
but the oldest
and wisest among them
teach him a lesson:
"You must remain."

So, he plants his feet firmly on the ground.
The trees show him
the cycles of life,
permanence,
the mystery of death,
fertility,
and help him live.

Dos

Huyendo de los bosques
donde Frost echó raíces,
pensándose moderna,
Eve Ensler, la grande,
se hizo citadina.
"No quiero ver ni un maldito árbol más".
Pero al pie de la ventana
del hospital donde pudo
despojarse de su cancer,
un árbol le habló en silencio,
se apoderó de sus ojos,
luego de todo su cuerpo,
fue médico y curandero,
profesor y gurú.
"El árbol, elocuente, me salvó."

Two

Fleeing the woods
where Frost put down roots,
the incomparable Eve Ensler
pursued her modern desires
and became an urbanite.
"I never want to see another fucking tree."
But below the window
of her hospital room,
where she rid herself of cancer,
a tree spoke to her in silence,
capturing her eyes,
then her entire body.
The tree was physician and healer,
teacher and guru.
"The eloquent tree saved me."

Tres

Marianne Moore
salvó un olmo centenario,
majestuoso y raro,
el Olmo de Camperdown
en un parque de Brooklyn,
mostrando a los ciudadanos
que el árbol enseña
el valor de pertenecer
y permanecer.
"Su intrincado ramaje
arqueado muy alto
y arrastrándose casi,
cubierto de una niebla
de ramitas secas.
Con seis misteriosas cuevas
en su tronco antiguo."

Three

Marianne Moore
saved a centennial elm tree,
majestic and rare:
the Camperdown Elm
in a park in Brooklyn.
She showed the people of the city
that a tree teaches us
the value of belonging
and enduring.
"The intricate pattern of its branches,
arching high,
curving low,
in its mist
of fine twigs.
With six small cavities
in the hollowness of its ancient torso."

Cuatro

Marianne Moore, como Herman Hesse,
en cada árbol leía
una metáfora del hogar,
de la verdad desnuda,
la belleza y la felicidad.
"Los árboles son santuarios,
quien sepa hablarles
y sobre todo escucharlos,
aprenderá una verdad.
Porque no predican
preceptos
sino las más antiguas
leyes de la vida."

Four

Marianne Moore, like Herman Hesse,
saw in every tree
a metaphor for home,
for the naked truth,
beauty and happiness.
"Trees are sanctuaries.
Whoever knows how to speak to them,
whoever knows how to listen to them,
can learn the truth.
They do not preach learning and precepts,
they preach
the ancient law of life."

Cinco

Cada vez que una desgracia,
un nuevo exilio, un desamor,
una traición, un ataque
lo entristecían,
Juan Ramón Jiménez,
a la sombra amoratada
de una jacaranda,
sentía la frescura de la tenacidad.
Los árboles le regalaban
la posibilidad de ver
y adquirir
en su discreta iluminación
algo invisible: una conciencia.
La llamó:
"Luz de la sombra".

Five

Each time a misfortune,
a new exile, a heartache,
a betrayal, or an offense
cast a gloom over him,
Juan Ramón Jiménez,
under the purplish shade
of a jacaranda,
would feel the refreshing spirit of resilience.

The trees offered him
the possibility of perceiving
and absorbing
in their discreet illumination
something invisible: an awareness.
He called it:
"Light of the shadow."

V

COLLAGE DE HOJAS SUELTAS
COLLAGE OF LOOSE LEAVES

Revelaciones

A veces recojo jacarandas del suelo y del cielo de la poesía. Tantas como flores ha tirado el árbol al viento.

La jacaranda hace levantar la vista y descubrirla. Por su flor hasta los otros árboles se vuelven más presentes.

Canta cuando cae una música ligera.

Danza en la rama y en el aire, en palabras y en imágenes, asombrosas coreografías.

Y cada humano recupera tal vez, al oírla, al verla, al sentirla, dimensiones perdidas.

Revelations

At times I pick jacarandas from the ground and sky of poetry. As many poems as flowers cast by the tree to the wind.

The jacaranda invites us to look up and discover her. When she blossoms even other trees become more present.

Her flowers sing softly as they fall.

They dance on the branch and in the air, an amazing choreography of images and words.

And perhaps each human recovers lost dimensions by listening, seeing, and feeling her.

Horizontes

Dicen que por un encargo citadino el florista y jardinero Tatsugoro Matsumoto y su hijo Sanshiro las trajeron a México desde Brasil. Aunque Asiain encontró que alguna había antes en el país. Pero que su nombre es guaraní y se llama "el Jacarandá". ¿Cómo y cuándo perdió acá el acento y se volvió femenina? ¿Pronunciación japonesa o dulce acento del altiplano? ¿Es flor del mestizaje amazónico, nipón y mexicano?

Al poeta caminante Rafael Alberti, por la tarde y por la noche le despierta un deseo invernal y canta cinco veces seguidas: "Ya nieve azul a la ida, nieve lila al retornar, yo quiero pisar la nieve azul del jacarandá".

El griego Seferis de viaje en la leyenda del Monte de Venus descubre cómo lo agitan estas flores que son a la vez música y fenómeno natural: "Las jacarandas bailando y tocando castañuelas echaron a sus pies una nieve violeta".

Machado de Assis le nota arquitectura de oratorio y dice que de su madera se hacen bellos libreros.

Juan L. Ortiz, a su sombra, se pregunta de dónde le viene al cielo ese anhelo de morado.

Silvina Ocampo elogia la paradójica "luminosidad tenue del Jacarandá" que la lleva a beatificarla: "Casi azul no es azul. Casi violeta no es violeta pero cuando caminamos sobre sus flores caminamos sobre el cielo. Si existieran santos entre los árboles, Jacarandá, serías mi santo".

Rubén Darío mira este árbol: "Erguido en la nostalgia. . . de un azul blancuzco como el cielo y fino como un tul".

Horizons

They say the florist and landscaper Tatsugoro Matsumoto and his son Sanshiro were commissioned by the city to bring jacarandas from Brazil to Mexico. Even so, Aurelio Asiain, found that some already existed in the country. But her name, "el Jacarandá," is Guaraní. How and when did it lose the final accent and become feminine here? Could the pronunciation be Japanese or the sweet accent of the high plateau? Is her origin an Amazonian, Japanese, and Mexican fusion?

For the wandering poet Rafael Alberti, the tree awakens a wintry desire on his afternoon and evening walks, inspiring him to write, "Blue snow now as I leave, lilac, on my return," and to repeat five times, "I want to step on blue jacaranda snow."

The Greek Seferis, recalling the legend of Mount Venus, experiences a sudden excitement from these flowers, a phenomenon of music and nature at the same time: "The jacarandas dancing and playing castanets cast violet snowflakes at his feet."

Machado de Assis observes the oratory architecture of the tree and says her wood makes beautiful bookcases.

Beneath her shade, Juan L. Ortiz wonders why heaven longs for the color purple.

Silvina Ocampo praises the paradoxical "tenuous luminosity of the Jacarandá," which inspires these words of beatification: "Nearly blue is not blue. Nearly violet is not violet but when we step on her flowers, we walk on heaven. If trees could be saints, Jacarandá, you would be my patron saint."

Rubén Darío gazes at this tree: "Rising from nostalgia . . . pale blue as the sky and finespun as tulle."

Prodigios

Sasha Sokol evoca y convoca el poder que tienen las jacarandas de ser alfombra y nube a la vez. Fuerza y alas para nuestros pasos y para nuestros sueños.

Enriqueta Ochoa no para de cantarle a la jacaranda y la mira como un "sueño lila que tira la llovizna de abril y arde sobre el rostro gris de la calle como tierna flama".

El patio de Ana Belén López estaba lleno de lilas. "Lilas por todos lados, lilas en los ojos, en las manos, en los pies, lilas pisadas, lilas en el cabello, en el aire, en el olor, lilas verdes, cafés, azules. La voz era lila, el timbre de la voz, el recorrido, el tiempo lila". En ese suelo de la nostalgia, con las flores, ella viajaba en el tiempo. Ella pasa y ellas también se van.

Años después, en otro poema, las jacarandas entran de golpe por la ventana de una ambulancia que la lleva al hospital. Ana Belén las mira sorprendida, piensa en recoger las flores caídas y se va levantando su pesar.

Mily Santos asegura que esa alfombra morada siempre aligera nuestros pasos.

Wonders

Sasha Sokol evokes and convokes the power of the jacarandas to be carpet and cloud at the same time. Force and wings for our steps and our dreams.

Enriqueta Ochoa keeps singing the praises of the jacaranda and sees her as a "lilac dream that banishes the misty rain of April and glows over the gray silhouette of the street like a tender flame."

Ana Belén López remembers her patio covered in lilacs. "Lilacs all around, lilacs in my eyes and hands, lilacs on my feet and beneath my steps, lilacs in my hair, scenting the air, lilacs green, brown, and blue. My voice was lilac, lilac its tone, lilac the season making its rounds." With those flowers, she traveled in time through the terrain of nostalgia, passing through, like the blossoms.

Years later, in another poem, the jacarandas suddenly enter the window of an ambulance taking her to the hospital. Ana Belén marvels at them, imagines gathering the fallen flowers, and her heavy spirit begins to rise.

Mily Santos assures us that walking on that purple carpet always lightens our steps.

Augurios

Orlando González Esteva recuerda que al pie del jacarandá caen las balas y los pájaros.

Alberto Blanco las mira detrás del muro vecino y evoca batallas de su infancia entre flores caídas.

Leticia Castro Arreola las ve como si al caer le leyeran la mano y asegura que siempre le anuncian amores florecientes.

Mi prima Ariadna Hernández se alegra porque en las jacarandas el invierno comienza a marchitarse y si las cosas están bien, estarán mejor. Y, además, dice que cuando las ve me recuerda.

Me dice Ana María Gómez Vélez que allá en su Cali tan caliente florecen dos veces al año, como todas las cosas buenas.

Alfonso Reyes descubre, en un racimo brasileño de siete amuletos que se llevan escondidos en el pecho, uno que ayuda a prolongar la vida con tenacidad, "el palo del Jacarandá" que es "de mucho vivir".

Omens

Orlando González Esteva recalls that bullets and birds fall at the foot of the jacaranda.

Alberto Blanco gazes at the trees behind his neighbor's wall and recollects childhood battles amidst fallen flowers.

Leticia Castro Arreola gazes at the falling flowers and believes they read the lines of her palm. She assures us they always foretell promises of budding romances.

My cousin Ariadna Hernández rejoices when the jacarandas bloom, a sign that winter is waning, and if things are going well, they will only get better. Besides that, she says seeing them reminds her of me.

Ana María Gómez Vélez tells me the warm weather of her native Cali allows the jacarandas to flourish twice a year, like all good things.

Alfonso Reyes discovers that among a cluster of seven amulets hanging from a Brazilian necklace worn concealed over the chest, one of them helps prolong life with tenacity, "a stick from the Jacarandá," symbol "of long life."

Deseos

Si aterrizo en la Ciudad de México cuando anochece, la obscuridad parece desprenderse lenta desde los árboles y aferrarse a las jacarandas. Dentro de ellas la noche llega primero y en ella mis deseos florecen.

Desde Buenos Aires, Eugenia Noriega me dice que allá las jacarandas huelen más intensamente y además cada una "es un dios, un poema. Y tiene propiedades curativas: ayuda a la cicatrización de los recuerdos abiertos, mitiga el desconsuelo y endulza la añoranza".

Desde Madrid, Jorge F. Hernández la hace florecer en sus recuerdos,"trasterrada a cualquier paisaje del planeta por obra y gracia de la memoria que se enreda con imaginación: recuerdo e invento, anhelo y deseo o evocación y propuesta".

Juan Villoro, a mi lado en un avión, llegando a la ciudad la mira entreverada de jacarandas y piensa en lencería.

Frank Lozano la vuelve flor antípoda del Narciso: "Por más hermosas que son, las jacarandas nunca pierden el piso".

Paty Peñaloza asegura que las jacarandas en el suelo son la envidia del asfalto buscando florecer.

Pero no es así todo el año. Pancho Hinojosa lo nota y dice de cierta persona que él conoce: "Él era como las jacarandas, cuando estaba en flor, jacaranda, cuando no, un simple árbol".

Julio Trujillo desea cantarles pero teme la sensiblería, los tecnicismos, las flores huecas dedicadas a la flor. Su elogio es cantar la dificultad del elogio.

Desires

If I land in Mexico City at night, darkness seems to emerge slowly from the jacarandas, clinging to them. The night nestles first inside them, and my nocturnal desires flourish.

From Buenos Aires, Eugenia Noriega tells me the jacarandas there have a more intense fragrance, and that each one "is a god, a poem, with powers to heal the scars of painful memories, to mitigate grief, and sweeten longings."

From Madrid, Jorge F. Hernández makes the tree blossom again in his recollections: "transplanted to any corner of the planet through the gift of memory entwined with imagination, she is remembrance and invention, yearning and desire, evocation and proposition."

Juan Villoro, at my side me on an airplane, gazes at the city on our approach, and the sight of her decked out in a lacy profusion of jacarandas reminds him of lingerie.

Frank Lozano considers her flower the opposite of the narcissus. "No matter how beautiful her blossoms, the jacaranda never loses touch with the ground."

Paty Peñaloza insists the fallen jacaranda flowers are the envy of asphalt trying to blossom in vain.

But the jacaranda is not the same all year round. Pancho Hinojosa makes this observation and compares her to a certain person he knows: "He was like the jacarandas: when thriving, a jacaranda, and when not, just a tree."

Julio Trujillo would like to sing the praises of her flowers but dreads sentimentality, formalities, or corny compliments. He praises the flower by saying how difficult it is to praise her.

Mientras tanto, Guadalupe Morfín las ve ya desplomadas como "Constelación de campanas caídas en la madrugada fría".

El caricaturista Helio Flores dice que en Xalapa tienen forma, no de copas ni campanas, sino de palomas. Son animales que son símbolos. Me lo demuestra con fotografías muy convincentes.

Mirando mucho más arriba: "Las jacarandas en flor hacen por la ciudad lo que las estrellas por la inmensidad nocturna", testifica Adolfo White.

¿Habrá soñado Matsumoto con ver a su ciudad adoptiva teñida en pocos años así de jacarandas? Tal vez somos, en primavera, la huella florida de sus sueños.

Ojalá cultiváramos las jacarandas y aprendiéramos a venerarlas "con atención sostenida", propone Aurelio Asiain, "como los japoneses hacen con los cerezos". Seríamos ciudadanos diferentes. Mejores, tal vez, por un instante. O por una estación.

Civics

Guadalupe Morfín perceives the plummeting flowers as "a constellation of fallen bells in the cold early morning."

The cartoonist Helio Flores says that in Xalapa the flowers are not shaped like goblets or bells, but doves. They are symbolic animals. He explains this to me with very convincing photographs.

Gazing toward the heavens, Adolfo White, attests that "the jacarandas in bloom do for the city what the stars do for the immense darkness."

Could Matsumoto ever have dreamed he would see his adopted city tinged with jacarandas after just a few years? Perhaps in the spring we are the flowering imprint of his dreams.

If only we could cultivate the jacarandas and learn to venerate them "with sustained attention," proposes Aurelio Asiain, "as the Japanese do with their cherry trees." We would be different citizens. Better, perhaps, for an instant. Or for a season.

VI

CODA SONORA
RESOUNDING CODA

Su silencio es palabra

Y en la noche de la calle
donde perfilan su sombra
siguen cayendo del árbol
las palabras demoradas.

Hasta el viento es más obscuro
cuando la luna está ausente
y en los ojos del silencio
la jacaranda perdura.

Nada detiene la ausencia
que se teje en su presencia,
ni el esplendor escondido
latiendo en su faz discreta.

En su racimo barroco
o en su abandono volátil,
en su seductor tapete
o en su semilla sonora,
en la sed de su raigambre
o en lo verde de la rama
crece perenne, invisible,
atemporal y caduca.

Nada banal hay en ella,
todo trasciende su fuga.
Dice cosas cuando calla,
y dice más si la escuchas.

Her Silence is a Word

On the street, as night
traces her shadows,
lingering words
keep falling from the tree.

Even the wind is more obscure
under the absent moon
and in the watchful eyes of silence
the jacaranda endures.

Nothing restrains the absence
entwined in her presence,
nor the hidden splendor
pulsing in her humble guise.

In her baroque bouquet
or rampant abandon,
in her seductive carpet
or sonorous seed,
in her thirsty roots,
or boughs of green,
she grows perennial, invisible,
timeless and ephemeral.

Nothing about her is trivial.
She transcends her season's end.
She whispers when silent,
even more if you listen to her.

About the Author

Alberto Ruy-Sánchez is an award-winning writer and editor who has authored thirty-five books of fiction, non-fiction, and poetry. His works have been translated into fifteen languages. He has received international acclaim for *Quinteto de Mogador* (Alfaguara, 2014), a series of five novels that explore the many facets of desire while extending a cultural bridge between his native Mexico and Morocco: *Los nombres del aire* (1987, Premio Xavier Villaurrutia); *En los labios del agua* (1996, Prix des Trois Continents); *Los jardines secretos de Mogador: Voces de la tierra* (2001, Premio Cálamo/ La otra mirada - Zaragoza, 2002); *Nueve veces el asombro: Nueve veces nueve cosas que dicen de Mogador* (Alfaguara, 2005), and *La mano del fuego: un Kama Sutra involuntario* (Alfaguara, 2007). In his two most recent novels *Los sueños de la serpiente* (Alfaguara, 2017, Premio Mazatlán) and *El expediente Anna Ajmátova* (Alfaguara, 2021, Premio Colima), Ruy-Sánchez extends the cultural bridge to Russia, with diversions along the way to Mexico, the United States, Africa, France, Italy, and Ukraine. He has published ten volumes of poetry, including *El silencio del gato* (Ediciones Era, 2025), *Luz de colibrí* (Ediciones Era, 2016), and *Dicen las jacarandas* (Ediciones Era, 2019). His twelve books of essays include *Una introducción a Octavio Paz* (1990, Premio José Fuentes Mares); *Con la literatura en el cuerpo: historias de literatura y melancolía* (1995); *La página posible* (2011); *Decir es desear* (2011), and *Elogio del insomnio* (2011), among others. Since 1988, he has served as the co-editor of the independent cultural project Artes de México, with his wife Margarita de Orellana. He is the recipient of the 2025 José Emilio Pacheco Prize for Excellence in Literature, as well as Mexico's National Award for Arts and Literature and the National Award for Editorial Merit, among many other international prizes and distinctions, including Officier de l'Ordre des Arts et des Lettres, awarded by the French government, and the commission of Honorable Kentucky Colonel, awarded by the governor of Kentucky. He is also an Honorary Citizen of Louisville, Kentucky, and an Honorary Captain of the Belle of Louisville. In addition, he is a Guggenheim Fellow and has served as a Visiting Tinker Scholar at Stanford University and as Director of the Creative Non-Fiction Program at the Banff Centre for the Arts. Visit albertoruysanchez.com for more information.

About the Translator

Rhonda Dahl Buchanan, Professor Emerita of Spanish at the University of Louisville, has translated fiction and non-fiction by authors from Latin America and Spain, and has published scholarly studies about their works. She received a National Endowment for the Arts Literature Fellowship in 2006 for the translation of Alberto Ruy-Sánchez's novel *Los jardines secretos de Mogador: Voces de tierra.* Her translations of Ruy-Sánchez's novels *The Secret Gardens of Mogador: Voices of the Earth* and *Poetics of Wonder: Passage to Mogador* were published by White Pine Press in 2009 and 2014. Her other translations include works by the Argentine authors Mempo Giardinelli (*Bruno Fólner's Last Tango*; White Pine Press, 2020, and *This Never Happened*; Schaffner Press, forthcoming 2026), Tununa Mercado (Chamber Canon; Literal Publishing, 2022), Ana María Shua (*Quick Fix: Sudden Fiction;* White Pine Press, 2008), and Perla Suez (*The Entre Ríos Trilogy*; University of New Mexico Press: 2006 and White Pine Press: 2022; *Dreaming of the Delta*; Texas Tech University Press, 2014; *The Devil's Country;* White Pine Press, 2019, and *Winter's Fury*; Literal Publishing, 2024). Her translation of the memoir by the Spanish poet Fernando Operé, In the *Name of the Father: Chronicle of Franco's Spain to Trump's America* was published in 2024 by Literal Publishing. For more information, visit www.rhondadahlbuchanan.com.

The Cliff Becker Book Prize in Translation

"Translation is the medium through which American readers gain greater access to the world. By providing us with as direct a connection as possible to the individual voice of the author, translation provides a window into the heart of a culture."

—Cliff Becker, May 16, 2005

Cliff Becker (1964–2005) was the National Endowment for the Arts Literature Director from 1999 to 2005. He began his career at the NEA in 1992 as a literature specialist, was named Acting Director in 1997, and in 1999 became the NEA's Director of Literature. The publication of this book of translation is a reflection of Cliff's passionate belief that the arts must be accessible to a wide audience and not subject to vagaries of the marketplace. During his tenure at the NEA, he expanded support for individual translators and led the development of the NEA Literature Translation Initiative. His efforts did not stop at the workplace, however. He carried his passion into the kitchen as well as into the board room. Cliff could often be seen at home relaxing in his favorite, worn-out, blue T-shirt, which read, "Art Saves Me!" He truly lived by this credo.

To ensure that others got the chance to have their lives impacted by uncensored art, Cliff hoped to create a foundation to support the literary arts, which would not be subject to political changes or fluctuations in patronage, but would be marked solely for the purpose of supporting artists, and in particular, the creation and distribution of art which might not otherwise be available. While he could not achieve this goal in his short life, seven years after his untimely passing, his vision was realized.

The Cliff Becker Endowment for the Literary Arts was established by his widow and daughter in 2012 to give an annual publication prize in translation in his memory. The Cliff Becker Book Prize in Translation annually produces one volume of literary translation in English. It is our hope that with ongoing donations to help grow the Becker Endowment for the Literary Arts, important artists will continue to touch, and perhaps save, lives of those whom they reach through the window of translation.

Donations to The Cliff Becker Endowment for the Literary Arts will help ensure that Cliff's vision continues to enrich our literary heritage. It is more important than ever before that English-speaking readers are able to comprehend our world and our histories through the literatures of diverse cultures. Tax deductible donations to the Endowment will be gratefully received by White Pine Press. Checks should be made payable to White Pine Press and sent to The Cliff Becker Endowment for the Literary Arts, c/o White Pine Press, P.O. Box 236, Buffalo, NY 14201.

Cliff Becker Book Prize in Translation

The Jacarandas Whisper - Alberto Ruy-Sánchez. Translated by Rhonda Dahl Buchanan, 2025.

In Search of a Face - Aurelia Lassaque. Translated by Madeleine Campbell, 2025.

Notes from the Sea - Marjorie Agosín. Translated by Suzanne Jill Levine, 2024.

Memory Rewritten - Mariella Nigro. Translated by Jesse Lee Kercheval and Jeannine Marie Pitas, 2023.

The Beginning of Water - Tran Le Khanh. Translated by the author and Bruce Weigl, 2021.

Hatchet - Carmen Boullosa. Translated by Lawrence Schime, 2020.

Bleeding from All 5 Senses - Mario Santiago Papasquiaro. Translated by Cole Heinowitz, 2019.

The Joyous Science: Selected Poems - Maxim Amelin. Translated by Derek Mong & Anne O. Fischer, 2018.

Purifications or the Sign of Retaliation - Myriam Fraga. Translated by Chloe Hill, 2017.

Returnings: Poems of Love & Distance - Rafael Alberti. Translated by Carolyn L. Tipton, 2016.

The Milk Underground - Ronny Someck. Translated by Hana Inbar & Robert Manaster, 2015.

Selected Poems of Mikhail Yeryomin - Translated by J. Kates, 2014.

A Hand Full of Water - Tzveta Sofronieva. Translated by Chantel Wright, 2012.